거짓의 바다 이재명

- 이재명은 대입 학력고사에서 몇 점을 받았는가?

저자 이윤섭

혜민 도서출판 기획

이책에 담겨 있는 이야기

첫 번째
한국의 대학입시제도와 1982년도 대입 학력고사 개관   5

두 번째
대입 학력고사 체제에서 대학의 장학금 제도   13

세 번째
의문에 싸인 이재명의 대입 학력고사 점수   21

끝맺는 글   71

첫 번째

한국의 대학입시제도와
1982년도 대입 학력고사 개관

한국의 대학입시제도와 1982학년도 대입 학력고사 개관

대학입시제도의 변천

한국의 대학입시제도는 여러 차례 변천했다.

① 대학별 시험제 (1945-1953)

국민의 문맹 퇴치에 힘을 기울였던 시기다. 대학 신입생 선발의 권한을 대학에 부여하여 입학시험은 각 대학의 자율에 맡겨져 대학별로 출제하였다. 그러나 무자격자 입학 및 6·25전쟁 중의 대학생 병역 특전을 노린 부정 입학 등의 문제가 성행하였다.

② 국가연합고사, 대학별고사 병행제 (1954)

정부가 주관하는 국가연합고사 합격자에 한하여 대학별 고사를 치를 수 있게 하는 제도다. 무적격자의 대학 입학을 걸러내고 대학입시제도의 공공성을 살리기 위해 추진된 이 제도는 시행 원년에도 효력을 발생하지 못하고 백지화되었다.

③ 대학별 시험, 무시험 전형 병행제 (1955-1961)

국가연합고사의 실패로 대학별 단독시험이 부활하였고, 고교내신 성적을 반영한 무시험 전형이 병행되었다. 내신을 통한 무시험 전형은 대학 간 학력 격차를 유발시켰다는 부정적 평가를 받았다.

④ 대입 국가고사제 (1962-1963)

5·16 군사혁명 정부는 대학입시의 병폐를 해소하고 대학 교육의 질적 향상을 도모하자는 취지에서 대입 국가고사제를 도입했다. 각 대학에서는 대입 국가고사제의 성적과 대학 자체적으로 실시하는 실기검사, 신체검사, 면접 등의 결과를 합산하여 신입생들을 선발하였다.
　부정 입학은 감소하였으나, 대학의 입학허가권을 국가가 관장하여 대학의 자율성을 침해하였다는 주장이 나왔다.

⑤ 대학별 단독시험제 (1964-1968)

2년간 실시해 온 대입 국가고사제는 폐지되고, 다시 대학별 시험제가 시행되었다. 각 대학의 신입생 선발권을 보장하여 대학의 자율성은 신장시켰으나, 부정 입학 등의 문제가 재발하는 등 예전부터 꾸준히 지적되온 제도 자체의 문제점을 해결하진 못했다.

⑥ 대입예비고사, 대학별 본고사제 (1969-1980)

대학입시의 부정행위 등을 바로 잡고, 대학의 선발권을 동시에 보장하기 위해 도입된 제도다. 이 시기의 수험생들은 대학 입학 예비고사를 합격해야만 대학별 본고사를 응시할 수 있는 자격이 주어졌다. 예비고사는 지필 시험 320점에다가 체력장 20점으로 340점 만점이었다.

단편적 지식 위주의 예비고사와는 달리 대개 국어, 영어, 수학을 치르는 본고사는 고학력 경쟁 고사의 성격을 띄었는데, 이로 인해 고액 과외의 성행과 입시 위주의 교육, 재수생의 누적이라는 문제점이 야기되었다.

대학에 가려는 이가 갈수록 늘었는데, 대입 예비고사 원서 접수자가 1969년에는 11만 명 수준에서 1976년에는 25만이 넘었고, 1979년에는 40만이 넘었다. 마지막 본고사가 시행된 1980년에는 50만을 넘어섰다.

⑦ 대입 학력고사, 고교내신 병행제 (1981~1993)

　1980년 7월 30일 국가보위비상대책위원회는 '교육 정상화 및 과열 과외 해소 방안'이라는 교육개혁을 단행하였다. 대학별로 치르는 본고사를 폐지하고 대입 예비고사와 내신 성적만으로 신입생을 선발하도록 했다. 그리고 초중고 재학생의 과외 공부를 전면 금지했다.
　대입 예비고사 명칭을 82년부터는 대입 학력고사로 바꾸었다. 대학에 입학하려는 학생은 먼저 학력고사를 치른 후 지원하는 대학에 응시하였으며, 대학에서는 고교 내신성적과 학력고사 성적으로 신입생을 선발하였다.
　이른바 선시험, 후지원으로 수험생들의 극심한 눈치작전으로 각 대학 학과의 합격선이 해마다 크게 변동하였고 운이 많이 작용하는 문제점이 있었다.
　1988학년도 학력고사부터는 대학에 먼저 지원하는 선지원, 후시험으로 바뀌어 눈치작전은 대폭 감소했다.

1982학년도 대입 학력고사 개관

　1981년 11월 24일 1982년에 입학할 대학 신입생을 선발하는 대입 학력고사가 시행되었다. 59만 1,727명이 원서를 내었으나 결시생이 많아 실제로 시험을 친 수는 57만 4,898명이었다.
　1982학년도 대입 학력고사의 특징은 1981년보다 수험생의 점수가 전반적으로 많이 내려간 것이었다.
　고득점의 대명사인 300점 이상은 81년의 1,882명의 절반도 되지 않는 827명이었다. 272점 이상은 6,849명으로 81학년도의 11,982명에 비해 대폭 줄었다.

　300점 이상　827명

　295점 이상　1,365명
　294점 이상　1,495명
　293점 이상　1,637명
　292점 이상　1,777명
　291점 이상　1,930명 (0.32%)
　290점 이상　2,090명
　289점 이상　2,261명
　288점 이상　2,428명
　287점 이상　2,617명
　286점 이상　2,827명

285점 이상 3,041명 (0.51%)
284점 이상 3,254명
283점 이상 3,504명
282점 이상 3,749명
281점 이상 4,008명
280점 이상 4,260명 (0.72%)

275점 이상 5,799명 (0.98%)
274점 이상 6,129명
273점 이상 6,478명
272점 이상 6,849명 (1.16%)
271점 이상 7,242명
270점 이상 7,618명 (1.29%)

265점 이상 9,972명

260점 이상 12,923명

255점 이상 16,448명

1982년도에는 수험생이 2곳의 대학에 원서를 낼 수 있었다. 면접 시험은 모두 같은 날 실시되었으므로 한 대학만 응시가 가능했다.

두 번째
대입 학력고사 체제에서 대학의 장학금 제도

대입 학력고사 체제에서 대학의 장학금 제도

 숙명여대는 1981년도 대입 학력고사에서 우수 학생을 유치하려고 300점 이상을 받은 학생을 특별 A급 장학생이라 하여 4년 등록금 면제에다가 개학 기간 중 월 20만원을 학비보조금으로 주는 조건을 내걸었다. 그리고 290점 이상을 받은 학생은 특별 B급 장학생이라 하여 4년 등록금 면제에다가 개학 기간 중 월 10만원을 학비보조금으로 주겠다고 했다.
 이는 4년 등록금 면제가 가장 후대하는 조건이었던 이전에 비해 파격적인 것이었다.
 1982년에는 중앙대, 건국대, 동국대, 단국대, 세종대 등이 우수 학생을 끌어들이려 일정 점수 이상을 받은 수험생에게 등록금 면제에 학자금 등의 명목으로 매월 일정 금액을 지급하는 파격적인 장학금 제도를 시행했다. 이 가운데 중앙대가 요구하는 점수가 가장 낮아 수험생에게 유리했다.

1982학년도 중앙대학교 신입생 장학 특전

  1982학년도 입학 전형에서 합격한 신입생으로 학력고사 성적이 우수한 자는 장학생으로 선발하여 재학 중 아래와 같이 장학금을 지급한다.

대상 : 문리과대학, 공과대학, 사범대학, 법과대학, 정경대학,
       경영대학, 약학대학(의과대학)

▸ **선호(宣鎬) 장학금**
270점 이상인 자.
  입학금 및 제6차 학기(3학년)까지의 등록금을 면제하고 매월 학자금으로 15만원 지급함. (단 280점 이상인 자에게는 월 20만원 지급함)

▸ **승당(承堂) 장학금**
255점 이상인 자.
  입학금 및 1년간 등록금을 면제하고 매월 학자금으로 10만원 지급함.

대상 : 농과대학, 예술대학, 외국어대학, 사회과학대학, 가정대학

▶ **선호 장학금**

245점 이상인 자.

입학금 및 제6차 학기(3학년)까지의 등록금을 면제하고 매월 학자금으로 15만원 지급함. (단 255점 이상인 자에게는 월 20만원 지급함)

▶ **승당 장학금**

230점 이상인 자.

입학금 및 1년간 등록금을 면제하고 매월 학자금으로 10만원 지급함.

(1) 선호 장학금 해당자에게는 제6차 학기(3학년)까지 본 특전을 보장함.
(2) 승당 장학금 지급의 계속에는 재학 중 일정 수준의 성적이 유지되어야 함.

【承堂은 중앙대 설립자인 임영신(任永信, 1899~1977) 여사의 당호(堂號)이고, 宣鎬는 임영신 여사 선친의 이름이다.】

중앙대의 1982학년도 모집 정원은 4,706명으로 1만 3천여 명이 지원했다. 면접시험에는 9천여 명이 왔으므로 응시율은 2대 1 수준이었다.

선호 장학생과 승당 장학생 합쳐 모두 781명으로 학교 재정이 감당할 수 없었으므로 처음의 약속과 달리 학자금 지급은 10개월로 줄였다.

등록금 입학금 면제 및 10개월간 월 20만원을 지급하는 선호 A급 장학생(97명) 등록금 면제 및 10개월간 월 15만을 지급하는 선호 B급 장학생(247명) 등록금 면제 및 월 10만을 지급하는 승당 장학생 (437명) 등 세 부문에 걸쳐 실시한 장학생 선발의 각 단과 대학 장학생 수는 다음과 같았다.

- 문리대 : 선호 A 1명, 선호 B 6명, 승당 35명

- 공대 : 선호 B 1명, 승당 13명

- 사범대 : 승당 5명

- 법대 : 선호 A 7명, 선호 B 35명, 승당 49명

- 정경대 : 선호 A : 2명, 선호 B 6명, 승당 27명

- 경영대 : 선호 A 3명, 선호 B 20명, 승당 74명

- 약대 : 선호 B 21명, 승당 84명

- 의대 : 선호 A 7명, 선호 B 39명

- 농대 : 선호 A 2명, B 4명, 승당 9명

- 예대 : 선호 A 4명, 선호 B 3명, 승당 8명

- 외대 : 선호 A 30명, 선호 B 48명, 승당 65명

- 사회과학대 : 선호 A 39명, 선호 B 60명, 승당 60명

- 가정대 : 선호 A 2명, 선호 B 3명, 승당 3명

- 2부 대학 : 승당 5명

선호 장학생과 승당 장학생은 단과대에 따라 점수가 달랐다.
문리과대학, 공과대학, 사범대학, 법과대학, 정경대학, 경영대학, 약학대학(의과대학) 등의 선호 A 장학생은 280점 이상이었다.
선호 A 장학생은 문리과대학 1명, 법과대학 7명, 정경대학 2명, 경영대학 3명, 의과대학 7명이었으므로 82학년도 중앙대 신입생 가운데 280점 이상을 받은 학생은 20명이었다.

문리과대학, 공과대학, 사범대학, 법과대학, 정경대학, 경영대학, 약학대학(의과대학) 등의 선호 B 장학생은 270점 이상이었다.

선호 B 장학생은 문리과대학 6명, 공과대학 1명, 법과대학 35명, 정경대학 6명, 경영대학 20명, 의과대학 39명이었으므로 82학년도 중앙대 신입생 가운데 270점대를 받은 학생은 107명이었다.

세 번째
의문에 싸인
이재명의 대입 학력고사 점수

의문에 싸인 이재명의 대입 학력고사 점수

성남시장 이재명은 2017년 1월 23일 대통령 선거 출마를 공식 선언했다. 그리고 재명이는 2017년 2월 초 선전용으로 『이재명은 합니다』(위즈덤 하우스, 초판 1쇄 인쇄 2017년 2월 1일, 초판 1쇄 발행 2017년 2월 7일)와 『이재명의 굽은 팔』(김영사, 초판 인쇄 발행 2017년 2월 3일)이라는 제목의 책을 내었다.

책이 간행된 시기로 보아 원고는 2016년이 저물기 전에 완성한 것이다.

『이재명은 합니다』는 '무엇을 시작하든 끝장을 보는 사람, 이재명 첫 자전적 에세이'라고 부제를 달았다.

『이재명은 합니다』에서 재명이가 대입 학력고사와 관련해 쓴 부분을 살펴본다.

이재명은 합니다

시련은 희망의 시금석이다

그 뒤 나는 대양실업이란 곳으로 자리를 옮겨 계속 공장 생활을 이어 나갔고, 저녁 6시에 퇴근해서 곧장 학원으로 달려가 10시가 넘도록 공부에 전념했다. 학원이 끝나면 버스비가 아까워 걸어서 집으로 향했다. 그렇게 공장에서 학원으로, 학원에서 집으로 이어지는 쳇바퀴 생활이 계속되었다. 힘들다는 생각조차 사치로 느껴지던 시절이었다.

1차 목표였던 중학교 검정고시에 합격한 것은 1978년 8월의 일이었다. 그때 나는 만 14세였다. 내 나이 또래의 학생들의 경우 이듬해인 1979년에 졸업할 예정이라 오히려 그들보다 한 학기 일찍 졸업 자격을 취득한 셈이었다. 나는 곧바로 고등학교 검정고시를 준비하기 시작했다.

이듬해인 1979년, 내가 다니던 대양실업이 망하는 바람에 망연자실하던 차에 운 좋게도 오리엔트 시계로 직장을 옮길 수 있었다. 처음으로 월급을 제대로 주는 회사에 취직한 덕분에 나는 단과 학원에 등록해 야간수업을 받을 수 있었다. 그 무렵 나는 공부에 완전히 미쳐 있었다. 스스로 '공부하자, 공부해야 산다!'라는 주문을 걸며 쉼 없이 마음을 다잡았다. 그리하여 1980년 봄에 기어이 고등학교 졸업 자격을 취득했다.

고졸 자격을 취득해도 달라지는 것은 없었다. 그런데 대학은 꿈도 못꿨던 나에게 희망이 생겼다. 대학 입시 제도가 바뀐 것이다. 본고사를 폐지하고 학력고사만 실시하게 되었을 뿐 아니라 사립대학의 경우 성적이 좋은 학생들을 확보하기 위해 학력고사 성적에 따라 생활비까지 대주는 장학금 제도를 신설한 것이다. 잘만 하면 졸업 때까지 전 학년 장학금에 매월 생활보조금까지 받아가며 공부할 수도 있었다.

나의 목표는 좀 더 명확해졌다. 대학 입학뿐 아니라 장학금, 생활보조금까지 목표의 범위 안에 들어온 것이다. 버거운 목표임에는 틀림없었지만 두렵지는 않았다.

【밑 줄 친 부분은 너무나 뻔뻔한 거짓말이다. 1980년 7월 30일 이른바 교육개혁이 발표되어 본고사는 폐지되고 대입 예비고사와 내신 성적으로 대학을 가도록 했다. 그리고 대학 정원을 대폭 늘렸다. 그리하여 81학번부터 적용되었다. 학력고사 성적이 좋으면 등록금 면제에 학자금까지 주는 장학제도는 82년도에 들어서야 서울의 몇몇 사립대학이 시행했다. 1980년에는 이런 장학제도가 생길 것으로 아무도 예상하지 못했다.】

1981년 3월, 나는 서울 답십리 신답극장 옆에 위치한 삼영학원에 등록한 뒤 본격적인 대입 준비를 하기 시작했다. 낮에는 직장에서 근무하고 밤에는 학원으로 달려가 공부에 매달리는 주경야독의 시간이 이어졌다. 성남에서 서울을 오가는 버스 안에서 단어장을 들여다보고, 화장실에서도 책을 놓지 않았다. 집에 돌아와 베개에

머리를 대면 그대로 곯아떨어질 만큼 강행군의 나날이었다. 막바지에는 그것도 모자라 독서실에서 밤샘 공부를 했다. 밀려오는 졸음을 이겨내기 위해 책상 가장자리에 압정을 거꾸로 꽂아놓기도 했다. 졸다가 찔리는 바람에 참고서 곳곳에 핏자국이 물들었다.

【1981년이 되어서야 대입 준비를 했다는데, 보통 고졸 검정고시를 합격하면 곧장 대입 준비를 한다. 재명이는 1980년 11월 20일 시행된 1981학년도 대입 예비고사를 쳤는데도 점수가 낮아서 말하지 않는 것이 아닐까? 이때 340점 만점에 180점 이상을 받아야 대학에 원서를 낼 수 있었다. 179점 이하이면 아예 지원자격이 없었다.】

----------------------- (중략) -----------------------

그렇게 공부를 해도 학력고사에 최고 점수를 받을 자신이 없었다. 그래서 나는 1981년 7월 말 오리엔트 시계에 사표를 내고, 8월부터 삼양학원 주간부에 다니기 시작했다. 공부에 올인을 한 것이다. 그때부터 10월까지 3개월간 낮에는 학원에서, 밤에는 독서실에서 집중적으로 시험 준비에 몰두했다. 그 모진 시간들 끝에 나는 비로소 학력고사를 무사히 치를 수 있었다.

1981년 학력고사에서 상위권에 드는 성적을 거두었다. 큰 기쁨이나 보람보다는 '이제 며칠은 쉴 수 있겠다'는 생각이 앞섰다.
<u>나는 장학금 외에도 당시 월급의 3~4배인 월 20만원의 생활보조금을 주는 중앙대학교 법학과에 입학했다.</u> 대장정을 끝내는 기분이

었다. 공돌이가 대학생으로 탈바꿈하는 순간이었다.

【'1981년 학력고사'는 1981년 11월 24일 시행된 82학년도 대입 학력고사를 말한다. 12월 30일 성적 발표를 했고 1982년 1월 대학에 원서 접수하여 면접시험을 치렀다.

재명이는 '상위권에 드는 성적'이란 지극히 애매한 표현을 한다. 도대체 몇 점을 받았다는 것인지? 점수를 밝히기가 꺼려지면 '몇 퍼센트 안에 드는 득점이었다' 식으로 좀 더 명확하게 표현할 수도 있다. 275점이면 1% 안에 드는 고득점이었다(정확히 0.98%). 왜 점수를 말하지 않을까?

재명이는 모집 정원이 111명인 중앙대 법대에 지원했는데, 당시 입시 전문기관이 예상한 중앙대 법대 합격선은 241~247점이었다. 그러나 중앙대가 파격적인 장학금을 제시하여 고득점자들이 몰렸다. 이때 중앙대 법대는 280점 이상이 7명으로 선호 A 장학생, 270점 이상이 35명으로 선호 B 장학생, 255점 이상이 47명으로 승당 장학생으로 뽑혔다. 모두 89명이 장학생이었고, 장학금을 받지 못한 합격자는 22명이었다.

 재명이는 '나는 장학금 외에도 당시 월급의 3~4배인 월 20만원의 생활보조금을 주는 중앙대학교 법학과에 입학했다'는 오해하기 알맞은 서술을 한다. 중앙대 법대에 들어가면 모두 월 20만원을 받은 것으로 오해하게 된다. 중앙대는 입학생 가운데 학력고사 280점 이상에게 주었는데, 처음 약속과 달리 10개월 지급하는 것으로 끝났다. 재명이가 82학년도 대입 학력고사에서 280점 이상을 받아서 선호 A 장학생이 되었다는 말인가?

『이재명은 합니다』의 p.132~133에서 이재명은 선호 A 장학금을 받았음을 분명히 묘사한다.

 그 당시 나는 공장에서 일하며 틈틈이 공부한 덕분에 검정고시로 중·고등학교 과정을 마칠 수 있었다. 그리고 마침내 대학에 들어가 전액 장학금에 매월 20만 원씩 학교로부터 생활보조금까지 받을 수 있게 되었다. 나는 그 돈을 아껴서 집으로 보내주곤 했다.

 왜 재명이는 학력고사에서 280점 이상을 받아서 선호 A 장학생이 되었다고 알기 쉽게 쓰지 않았을까?】

이재명의 굽은 팔

 『이재명의 굽은 팔』은 저자가 2인으로 나오는데 이는 재명이가 구술하고 대필해서 그런 것이다.
 저자 소개는 다음과 같다.

저자(글) 이재명

1963년 영양, 봉화, 안동 3개 군이 만나는 청량산 자락 꼭짓점에서 태어났다. 1968년 아들의 생일을 잊은 어머니가 점바치에게 물어 10월 23일을 출생일로 정했다.

1976년 버스도 들어오지 않는 마을이라서 6년 동안 산길 들길을 걸어 삼계국민학교를 졸업하고, 성남으로 올라왔다.

성남에 올라오자마자 공장에 들어가 소년공이 되었다. 이름 없는 공장이었고 이재명도 이름이 없었다. 너무 어렸던 그는 다른 사람 이름으로 공장에 다녀야 했다. 공장 생활을 하는 동안 왼손에 고무가 박히고, 몸은 숱하게 함석에 찔렸으며, 왼쪽 손목 바깥 관절이 프레스에 눌려 부서지면서 이내 팔이 굽었다. 그 때문에 군대에 갈 수 없었다.

1982년 고입·대입 검정고시에 합격한 뒤 거의 독학으로 중앙대학교 법학과에 생활비까지 지원받는 장학생으로 입학했다.

1986년 사법고시에 합격했다.

1990년 판검사 임용을 거부하고 곧바로 성남으로 돌아와 변호사 활동과 시민운동을 전개했다.

2010년 성남시장에 당선되었고 재선했다.

2017년 소년공으로 일했던 오리엔트 시계 공장 마당(성남시 상대원동)에서 제19대 대통령 선거에 공식 출마 선언했다.

저자(글) 서해성

1989년 《실천문학》을 통해 '살아오는 새벽'으로 데뷔한 소설가다. 오래전부터 '여러가지문제연구소장'이라는 별명을 가진, 한국의 지성사·문화·예술·지역사 등 모르는 게 없는 체계 잡힌 잡학의 대가이다. 시민 방송·북스타트 운동·기적의 도서관·고구려! 전·광복 60주년 사진전 등을 기획, 연출한 문화 전반의 탁월한 기획통이다. 한신대, 성공회대 등에서 강의를 하고 있다.

- 목차 -

Ⅰ. 나의 소년시대

1. 나의 산악시대
출생기 | 내 영혼의 생성소 | 내가 믿지 않는 두 가지 | 아궁이 속에 두고 온 고향

2. 나의 공장시대
나의 첫 번째 공장은 이름이 없었다 | 공장 밖 진달래 | 굽은 팔 | 아이스크림 권투 | 내 생에 봄날은 없다 | 내 청춘의 소녀, 내 인생의 명곡 | 경주 이씨 국당공파 41대손 재在 자 돌림 청소 연보 | 열 번째 이사 | 소년 공돌이는 이름이 없다 1 | 소년 공돌이는 이름이 없다 2

3. 나의 대학시대
나의 스승 김창구 | 바이블 말고 비블 | 나의 광주사태, 나의 광주항쟁 | 언제나 어머니는 거의 모든 걸 알고 있다 | 내가 나에게 추천하는 도서목록 | 나에게도 여행이 있었다 | 밥 그릇 하나 | 차렷이 안 되는 사내

II. 공부 모임 '해와 달'

발제와 토론 그리고 인간학

승자독식 체제를 넘는 민주주의를 말하다
　- 최태욱(한림대국제대학원대학교 교수)
방어 말고 공격을!
　- 이해영(한신대 국제관계학부 교수)
경제민주화 전략, 문제는 민주화야
　- 김상조(한성대 무역학과 교수)
회색 자본주의 저편
　- 백일(울산과학대 유통경영과 교수)
평화가 가장 비용이 싸다
　- 김연철(인제대 통일학부 교수)
우리에게 노동은 무엇인가
　- 김영훈(6기 민주노총 위원장)
8백만 비정규직은 누구인가
　- 김유선(한국노동사회연구소 선임연구위원)
유동하는 젠더, 여성
　- 조은(동국대학교 명예교수)
달콤하고 쓰디쓴 예술
　- 배다리(공공미술 작가)

Ⅲ. 이 세상에서 꼭 한 가지만 해야 한다면

　인간학으로의 정치-김대중과 노무현의 세 가지 유산
　이 세상에서 꼭 한 가지만 해야 한다면
　읽는 연보
　성남에서 해보았고 한국에서 하면 더 좋은 것

- 출판사 리뷰 -

　1부《나의 소년시대》는 안동 청량산 자락 지통 마을에서 나고 자라 초등학교를 졸업한 뒤 성남 상대원 공단에서 일하던 소년공 시절, 대학시절 이야기를 적었다. 가난한 집 7남매(아들 다섯, 딸 둘) 중 다섯째로 태어나 빨리 돈을 벌고 어른이 되어야 했던 어린 시절 이야기는 무엇이 사람을 단단하게 성장하게 만드는지에 대해 생각하게 한다. 일상의 폭력과 가난이 지배하던 학교와 공장의 척박한 환경 속에서도 자신의 삶을 올곧이 응시했던 한 소년의 모습이 눈에 보이는 듯하다.

　2부는 경제, 사회, 인권, 문화, 여성 등 2년에 걸쳐 아홉 개 분야 전문가들(최태욱, 이해영, 김상조, 백일, 김연철, 김영훈, 김유선, 조은, 배다리)과 함께한 공부를 통해 이재명의 정책과 생각을 알아본다. 밤낮으로 열심히 공부하라고 이 공부 모임의 이름은 '해와

달'이다.

사회자가 진행하고, 전문가 1인이 발제하여 함께 토론하는 형식으로 공부를 진행하였고, 이재명 시장이 마지막에 공부를 정리하며 일기를 덧붙였다. 때론 진지했고 때론 분노하였다.

3부는 정치인 이재명의 걸어온 길과 걸어갈 길을 함께 담았다. 그가 닮고 싶고 계승하고 싶은 김대중, 노무현의 정신, 그들이 남긴 세 가지 유산을 돌아본다. 또 자신이 대통령이 된다면 하고 싶은 꼭 한 가지 일이 '광화문광장에 도서관을 짓는 일'이라고 서슴없이 밝힌다. 세상의 모든 지혜를 담은 역사에 남을 도서관을 구상한다. 마지막으로 성남시에서 실행해 보았고 한국에서 하면 더 좋은 것들에 무엇이 있을지 알아본다. "시장이 되었을 때부터 내 마음속 목표는 명료하다. '아기 낳고 싶은 도시', '학교 보내기 좋은 도시', '청년 백수도 사람으로 살 수 있는 도시', '노인이 마음 놓고 살아갈 수 있는 도시', '헛돈 안 쓰는 도시'"(264쪽)라는 기준으로 "어느 한 가지도 구체성이나 생활을 떠난 게 없이"(268쪽) 만인을 위한 정치를 꿈꾼다. 지금껏 그래왔듯이 그는 마침내 꿈을 이룰 것이다. 더 넓은 세상을 위한 이재명의 도전이 시작되었다.

이재명은 스스로 비범한 인물이 아니라고 말한다. 특별히 공부를 잘하지도, 권력이 있거나 돈 많은 인맥이 있는 것도 아니라고 한다. 단지 삶이 그에게 가르쳐준 것들에 충실했을 뿐이다. "돌이키건대 내 삶이야말로 나의 빈틈없는 스승이었다"(6쪽)라고. 필리핀 혁명 가인 호세 리살의 이야기 《등불과 나방》 속 나방이 그의 굽은 팔에서 다시 꿈틀거린다.

『이재명의 굽은 팔』에서 대학입시와 관련된 내용은 다음과 같다.

바이블 말고 비블

1981학년도부터 학력고사 성적만으로도 대학에 들어갈 수 있게 되었고, ***시험을 잘 보기만 하면 돈을 받으면서 대학에 다닐 수 있는 제도가 생겼다.*** 나는 그 소식을 듣고 도전해 볼 수도 있겠다는 생각을 처음 했다. 사지선다형뿐이니까 까짓것 해볼 수 있겠다는 판단이 섰던 것이다. 주관식 본고사가 있을 때는 꿈도 못 꾸던 일이었다.

【재명이는 이 책에서도 '시험을 잘 보기만 하면 돈을 받으면서 대학에 다닐 수 있는 제도가 생겼다'는 거짓말을 한다. 재명이는 예지력이 있나 보다.】

공장 일이 끝나면 답십리 신답극장 앞 삼영학원의 입시종합반에 다니기 시작했다. 성남에서 버스로 한 번에 갈 수 있는 곳은 거기뿐이었다. 신답은 내가 안동에서 청량리를 거쳐 성남에 처음 내려올 때 차를 타던 곳이기도 했다. 공부는 저녁 7시에 시작해서 10시에 끝났다. 학원은 달마다 모의고사를 봐서 전국 순위를 매겼다. **4월 5월, 두 달 정도 다니고 시험을 봤는데, 대략 입시 예상 대상자 65만 명 가운데 20만 등 가까이 나왔다.** 공장에서 바로 학원에 가서 공부하고 버스에 오르면 애초에 품었던 뜻과 다르게 영어단어장을

든 채 잠이 들기 일쑤였다. 결국 종점인 사기막골에서 깨어나 집으로 돌아와야 했다.

돈을 받고 다닐 수 있는 대학에 들어가려면 적어도 2~3천 등 안에는 들어와야 했다. 20만 등으로는 가당치 않은 일이었다.

【82학년부터 일부 사립 대학이 고득점 지원자에게 등록금 면제에 매월 일정 금액의 학자금을 지급하는 장학제도를 마련했다. 점수는 대학마다 약간 차이가 있지만 등수로 따지면 1만 등 정도면 가능했다.】

나는 종합 학원을 때려치우고 5월 말부터는 상대원 고개에 있는 2층 건물 인현 독서실에서 공부를 시작했다. 도시락을 두 개 싸가지고 다니면서 밤에도 집에 들어가지 않고 공부와 씨름했다. 막상 그렇게 해도 성적이 좀처럼 오르지 않아서 결국 공장을 그만두기로 했다.

1981년 7월, 마침내 6년을 일해 오던 공장을 떠났다. **오리엔트 시계공장에서 두 번째 퇴직금을 받았고 아무도 환송하지 않았다.** 오리엔트 시계 도금실에 그런 관행 따위도 없었다. 날이 유난히 후덥지근했던 것만은 지금도 생생하게 떠오른다. 내 후각과 한쪽 팔을 비틀어서 가져간 공장 지붕들이 다만 말없이 상대원동 언덕에서 뜨겁게 햇빛을 반사하고 있었다.

【오리엔트 시계공장을 그만둔 때도 언제인지 애매하다. 1980년 시계공장을 그만두고 고졸 검정고시에 몰두해 합격했다는 조세일보의 보도가 있다.】

학력고사까지는 채 반년도 남지 않았다. 나는 들은 대로 책상에 압정을 뿌려놓고 문제집을 풀었다. 바늘로 찌르는 건 효과가 없었다. 내 허벅지를 스스로 찌를 수가 없었던 것이다. 압정 효과는 채 일주일이 가지 않았다. 공장 일을 끝내고 온 내 몸은 압정 두어 개에 찔린 채로 그대로 잠들어 있었던 것이다. 가시 달린 아까시나무 매질도 소용이 닿지 않았다. 공장을 그만두고 몸이 점차 공부에 적응하고 그에 따라 집중도가 높아지니까 그제야 시간이 늘어나는 걸 알았다. 동일한 시간에 할 수 있는 양이 늘어났다는 뜻이다. 노동 일이나 공부 일이나 일이었고 기본적으로 숙련도를 필요로 했던 것이다. 하나는 몸의 일이었고 하나는 뇌의 일이었다.

10월 말 무렵, 전국에서 1천 5백 등 안팎에 도달했다. ***성적이 약간 뒤로 밀리고 정작 평소에 공부하던 것과 달리 수학 문제가 어렵게 출제되었지만 애초에 목표로 했던 2천 등 안에 진입했다.*** 영어 과목이 크게 기여했다.

【'10월 말 무렵, 전국에서 1천 5백 등 안팎에 도달했다.'는 문장은 당연히 모의고사를 말한다. 5월 말 모의고사 등수 20만 등 정도에서 5개월 만에 1천 5백 등 안팎으로 오른 것이 사실이면 그야말로 기적이다. 더구나 성적이 좀처럼 오르지 않아서 7월 오리엔트 시계공장을 그만두고 독서실에서 홀로 공부하여 성적이 올랐으니 3개월 만의 일이다.

그다음 문장인 **'성적이 약간 뒤로 밀리고 … 목표로 했던 2천 등 안에 진입했다'**를 10월 말의 모의고사 성적을 부연하는 것으로 보는 이도 있다. 그러나 그렇게 보면 재명이는 1981년 11월 24일

치러진 82학년도 대입 학력고사 결과에 대해 아무 말도 하지 않은 것이 된다. '성적이 약간 뒤로 밀리고… 목표로 했던 2천 등 안에 진입했다'는 말은 학력고사 등수가 10월 말 모의고사의 전국 1천 5백 등보다 약간 밀려서 2천 등 정도였다고 해석해야 할 것이다. 영어 과목이 크게 기여했다고 재명이는 주장하는데, 재명이는 영어를 못한다. 영어 점수만으로는 고득점이 불가능하다.

모의고사에서 전국 20만 등 정도라는 말은 주요 과목인 국어, 영어, 수학이 부진하다는 말이다. 특히 영어 포기, 수학 포기를 말한다. 국어, 영어, 수학이 차지하는 비중은 각각 50점, 합계 150점으로 체력장 점수를 제외한 320점의 절반 가까이 차지한다. 고득점을 내려면 국어, 영어, 수학 점수 합계가 120점 이상이 나와야 한다. 전국 20만 등이라면 국어, 영어, 수학 합계 점수가 50점을 넘기 어렵다. 오리엔트 공장을 그만두고 전일 공부하게 된 지 4개월 만에 국어, 영어, 수학 합계 점수를 2배 이상 올렸다는 것은 불가능이다.

82학년도 대입 학력고사의 결과는 1981년 12월 30일 발표되었다. 제주도 출신의 원희룡(서울대 법대 82학번)이 332점으로 전국 수석이었다.

그런데 재명이는 점수를 말하지 않고 등 수만 말한다. 2천 등 안에 진입했다는데, 이때 300점 이상이 827명, 291점 이상은 1,930명이었다. 290점 이상은 2,090명이었다. 그러면 재명이는 291점을 받았다는 말이 된다. 재명이는 과연 몇 점을 받았는가?

이 부분은 이재명이 구술하지 않고 직접 쓴 것으로 보아야 한다. 만약에 구술했다면 작가 서해성은 이재명의 구술에 "학력고사 몇 점을 받았습니까?"라고 질문했을 것이고 이재명은 얼버무렸을 것이다.]

이재명이 구체적으로 점수를 밝힌 건 2018년 10월 발행한 『소년 공 다이어리』에서 였다. 여기서 처음으로 285점을 받았다고 밝혔다.

2018년이 무엇인가? 2017년 사기 탄핵과 재판을 거치면서 어떤 황당무계한 거짓말도 한국 사회에서 통한다는 것이 입증된 때였다. 사기꾼, 거짓말쟁이들이 잔뜩 고무되었던 시점이다. 이재명이 1979년부터 썼다는 일기 자체가 정말로 그 당시에 쓴 것인지 검증받지 않았다!

이재명은 2021년 3월 10일 『매일신문』과 인터뷰했다. 여기서도 재명이는 대입 학력고사 성적에 대해 언급한다.

[최경철이 만난 사람]
이재명 경기지사 "공직자 가장 큰 덕목은 공정"

자리에 앉아 첫 질문을 던지기도 전에 이재명(56) 경기도지사는 고향 안동에서의 어린 시절 얘기부터 꺼냈다. 그러면서 "초등학교 운동회 때마다 들어서 아직도 가사를 정확하게 기억해 부를 수 있다"면서 '경북도민의 노래'를 흥얼거렸다. 이 노래를 들어봤냐고 기자에게 묻기도 했다.

각종 대선주자 여론조사에서 높은 지지율을 보이고 있는 이 지사와의 대화는 그의 어린 시절부터 소환돼 시작됐다. 초등학교를 졸업한 직후 가족 모두 경기도 성남으로 떠났다고 했는데, 오랜 객지 생활에도 불구하고 그의 말에는 경상도 사투리가 꽤 많이 배어있었다. '그래서' 대신 '그래가'를 쓰기도 했다.

10일 오후 약속된 인터뷰 시간을 훌쩍 넘기면서 진행된 인터뷰 내내 그는 기자와 눈을 계속 맞혀가며 말을 이어갔다. 그의 책상 위에는 참고 자료 한 장 없었고, 사전에 질문지를 주기는 했지만 질문지에 없는 내용을 물어도 머뭇거림없이 즉답을 했다. 인터뷰를 마치고 나니 이 지사의 별명이 왜 '사이다'인지 알 것 같았다.

Q 고향이 안동이라고 들었다.

A 고향에서 초등학교까지 다녔다. 안동 예안면 삼계초등학교를 졸업했다. 졸업하고 경기도 성남으로 왔다. 지금도 1년에 2번, 한식, 추석 때는 꼭 고향에 간다. 3대 선대 묘가 봉화와 영양, 안동에 걸쳐 있다. 왜 흩어져 있냐 하면 3개 시군의 꼭지지점이 내 고향이다. 봉화에는 부모님 묘소가, 안동에는 할머니 묘소, 영양에는 할아버지 묘소가 있다.

Q 고향을 등지고 왜 성남으로 갔나?

A 먹고살기 어려워서 그랬다. 원래 소작을 했었다. 산전을 일궈

서 초근목피로 살 때다. 없는 사람은 없는 사람끼리 모여야 살 길 열린다고 해서 성남으로 갔다. 내가 초등학교 졸업하는 때에 맞춰서 가족 모두(그는 5남 2녀 중 다섯째) 성남으로 터전을 옮겼다. 초등학교 다니던 동생 둘은 성남의 학교로 전학을 했고, 나부터 위로는 모두 공장으로 취업했다. '공원모집 00명' 이런 사원 모집 광고가 전봇대에 많이 붙어있던 시절이었다. 내 첫 직장은 여성 목걸이 만드는 납땜 공장이었다. 이후 고무공장, 냉장고 공장, 야구글러브 공장 등에서 일했다. 야구글러브 만드는 공장에서는 프레스 작업 도중 팔도 다쳤다. 마지막 직장이 오리엔트 시계 공장이었다.

Q "나는 왜 이렇게 공장을 다녀야 할까?" 이런 한탄 안해 봤나?

A 그때는 그런 생각을 못했다. 주변이 다 그랬다. 당연한 일상으로 받아들였다. 부모님에 대한 원망도 없었다. 학교가는, 교복 입은 애들이 부러웠던 적은 있다.

Q 공장에 다니다가 공부는 왜 하게 됐나?

A 공장에 다닐 때 고참 관리자들에게 엄청 많이 맞았다. 폭력이 스포츠처럼 돼 있었다. 군대 문화가 직장으로 고스란히 이어

져있었다. 냉장고 공장 다닐 때는 군복 입은 관리자가 애들을 길들인다고 이른바 '빠따'를 때리고 퇴근할 때도 때리고 그랬다. 관리자가 되어서 편하게 살아보자는 마음에서 공부를 시작했다. 일단 안 맞는게 목표였다. 그 곳을 탈출해야했다.

Q 공부가 쉽지 않았을 텐데?

A 엄청나게 했다. 누워 자지 않고 독서실 책상에 엎드려서 4, 5시간 눈을 붙이는 것이 수면일 정도로 열심히 공부했다. 검정고시로 1978년 중졸 자격, 1980년에 고졸 자격을 각각 획득했다. 대학은 82학번이다. 정말 죽어라고 했다. 학력고사 287점 맞았다. 서울대도 법대 말고는 다른 모든 과에 들어갈 수 있는 성적이었지만 중앙대 법대에 장학생으로 들어갔다. 돈이 없으니 돈을 주는 곳으로 가야 했다. 등록금도 줬고, 추가로 매달 20만 원을 받았다. 마지막 공장이었던 오리엔트시계 공장 월급이 7만 원이었으니 엄청나게 큰 혜택이었다.

【59만이 응시한 1982년도 대입 학력고사에서 287점이면 등 수로 2,617등이다. 0.4% 안에 드는 성적이다. 중앙대 법대의 선호 A 장학생이 되는 점수이고 수석이나 차석을 노릴 수 있는 점수이다. 340점 만점의 학력고사 점수를 70% 반영하고 145.7점 만점의 내신 1등급을 30% 반영하여 총점은 485.7점이었다. 내신은 15등급으로 분류하여 등급 간 2.7점 차를 두었다. 내신 2등급이면 143

점, 내신 3등급은 140.3점이었다.

1982년도 중앙대 수석 입학생은 법대 수석 입학 정강영 군(433.70)과 자연계 수석 주종훈 군(433.70) 이었다.

정강영과 주종훈의 학력고사 점수는 288점이었다. 학력고사 288점에 내신 1등급 145.7점을 더해 총점 433.7점이었다.

다음은 각 단과대와 계열별, 과 수석 입학생이다.

□ 문리대

수석 입학 : 자연계 주종훈 군(433.70)

- 어문계 한인혜 양(418.10)
- 인문계 김혜원 양(407.70)
- 도서관 학과 김민경 양(414.8)
- 사회복지학과 이혜석 양(398.80)

□ 공대

수석 입학 이항주 군(401.70)

- 전자계산학과 김상훈 군 (406.60)

□ 사대

수석 입학 외국어 교육학과 전공 이영은 양(404.70)

- 교육학과 정래석 군(387.60)
- 유아교육학과 김정희 양(372.20)
- 가정교육학과 남혜숙 양(367.80)

□ 법대
수석 입학 정강영 군(433.70)

□ 정경대
수석 입학 이기문 군(421.10)
• 경상계 최기영 군(419.10)

□ 경영대
수석 입학 최진민 군(421.10)

□ 농대
수석 입학 : 농학계 황규설 군(412.70)
• 사회계 손현구 군(396.70)

□ 약대
수석 입학 박항자 양(420.70)

□ 의대
수석 입학 : 의예과 황귀선 양(427.10)
• 간호학과 김차자 양(366.10)

□ 외국어대
수석 입학 : 정미경 양(414.70)

□ 사회과학대
수석 입학 : 김진호 군(409.50)

□ 가정대
수석 입학 : 안은숙 양(408.10)

재명이는 287점 받았다고 말하는데, 이 경우 입시 총점은 학력고사 점수 287+ 145.7(내신 1등급)인 432.7점이다. 이는 수석 입학생인 정강영 군의 총점인 433.7점에서 1점 모자라는 중앙대 차석 입학이란 말이 된다. 어떤 단과대 수석 입학생보다 좋은 점수이다. 자화자찬을 잘하는 재명이가 왜 중앙대 차석 입학이란 말을 하지 않을까?
재명이의 학력고사 점수가 287점이라고 널리 알려졌는데, 이는 이 『매일신문』과의 인터뷰 때문이다.
재명이는 대통령 선거 하루 전날인 2022년 3월 9일 '선호 장학금 장학 증서'를 공개했다. 그러나 순 한글로 작성된 이 증서를 위조 문서로 보는 이도 적지 않다.]

Q 사법고시는 왜 보게 됐나?

A 대학 들어갈 때는 사법고시라는 것이 있는지도 몰랐다. 대학 들어가 보니 고시에 대한 이야기를 선배들이 했다. 시험보는 것은 자신이 있었다. 내가 장애인인데, 그 때는 장애인 취업이

어려웠다. 그래서 사시공부를 열심히 했다. 역시 하루에 4, 5시간만 자면서 공부한 끝에 졸업하던 해, 사시에 합격했다.

2021년 8월 『인간 이재명』이란 책이 나왔다. 이는 대통령 후보 경선에 대비하여 이재명 측이 전력을 다하여 만든 선전 자료이다. 이런 류의 책은 일종의 '영웅 서사'라고 할 수 있다. 이런 책은 사실성에 문제가 있다. 출판사는 아래와 같이 광고한다.

인간 이재명

김현정, 김민정 저자(글)
아시아 · 2021년 8월 23일

출생에서부터 지금에 이르기까지, 인간 이재명의 모든 것
정밀한 취재와 조사, 인터뷰를 통해 완성된 이재명 서사의 정본

『인간 이재명』은 이재명의 출생부터 소년공 시절, 변호사, 성남시장, 경기도지사 그리고 유력 대권 후보가 되기까지 그가 마주한

삶의 중요한 순간들을 한 권의 책으로 기록한 '이재명 서사의 정본(定本)'이다. 한 인간으로서 이재명의 삶을 총체적으로 보여주는 최초의 텍스트이자 언론에 의해 왜곡된 '사실과 진실'에 대한 검증의 결과물이기도 하다.

이재명은 신화가 되기에 충분한 서사를 가진 인물이었다. 최악의 조건에서 최상의 도전을 감행하고, 성공해온 그의 서사는 아주 드라마틱하다. 서사의 세부도 매혹적이다. 화전민의 집에서 태어나 열세 살에 소년공이 되었던 그가 사법고시에 합격하고, 공단으로 돌아가 노동자의 벗으로 살다 시장이 되고, 도지사에까지 이르는 과정은 감동적인 에피소드와 사건들로 아로새겨져 있다.

작가 정보

저자(글) 김현정, 저자(글) 김민정

스토리텔링 콘텐츠 연구소 연구원.
한 사람은 이재명과 같은 안동에서 태어나 부산에서 중·고·등학교를 나왔고, 다른 한 사람은 강남에서 초·중·고등학교를 나와 서울에서 성장했다.
한 사람은 학부에서 문학을 공부했고, 다른 한 사람은 학부에서 미디어를 공부했다.
같은 대학원에서 석·박사 과정을 마쳤지만 한 사람의 주변에는 이재명 지지자가 즐비하고, 다른 한 사람의 주변에는 이재명을 좋아하는 사람들보다 좋아하지 않는 사람들이 조금 더 많다.

- 목차 -

들어가며 - 한 특별한 인간의 서사

1. 이재명의 맷집
    친구에게 주어버린 시험지
    마루치 아라치를 부르며
    점바치가 들려주었다

2. 이재명의 세 가지 목표
    그 길 위에 남겨둔 열세 살 소년공의 발자국
    열네 살 소년공에게 남은 백 개의 흉터
    공장 창고에서 벌인 권투경기
    열다섯 살 이재명의 세 가지 목표
    우아한 위선자들

3. Today is my best day
    젊은 스승
    굽은 팔과 막힌 코
    소년공과 소년청소부의 갈림길에서
    수면제 20알
    도둑놈아, 은혜도 모르니?

4. 절실하지 않으면 이룰 수 없다
   무수저 아들이 불의를 심판하는 법
   피로 얼룩진 참고서
   그해 봄날의 어머니
   자전거 여행이 가르쳐 준 것
   이런 건 부잣집 애들이 좀 하면 안 되나

5. 재명씨 제발 정신차립시다
   지금부터 전쟁이다
   믿을 수 없었던 실패
   전투적인 직진을 선택하다
   인간을 변호하자, 인간을
   이재명을 시민으로 만든 여인

6. 이재명의 비밀신공
   시민을 돼지로 여기는 정치와 싸우다
   5천5백억짜리 뒤집기 한판
   부패즉사 청렴영생
   쓰러진 어머니를 안아 일으키며
   공약 이행률 1위 시장

7. 거짓이 진실을 이길 수 없다
   두려움은 늘 곁에 있었다

변화는 손가락에서 시작된다
'미디어 프레이밍'을 물리친 집단지성의 압승
어렵다는 것은 가능성이 있다는 것이다

나가며 - 우리는 자신한다

- 책 속으로 -

그 기사가 실린 신문을 얻어서 껑충껑충 뛰면서 집으로 돌아왔다. 저녁에 재영 형에게 기사를 보여주었다. 신문 기사를 들여다보던 재영 형이 그에게 물었다.

"그런데 직장 생활 3년 이상하고 학력고사 합격한 사람한테만 예비고사 면제해준다는 거잖아?"

"그게 왜?"

이재명은 재영 형에게 되물었다.

"넌 안 되잖아."

"내가 왜 안 돼?"

"너 이름으로 다닌 공장이 없잖아."

아뿔싸, 이재명은 순간 머릿속이 하얗게 변했다. 열세 살부터 열일곱 살까지 4년 넘게 공장에서 일한 그의 시간은 그 누구로부터도 인정받을 수 없는 시간이었다. 그 4년 동안 그의 이름은 박승원이었고 이재선이었으며 권영웅이었다.

그가 들이마신 납과 아세톤·벤젠이 마비시킨 것은 이재명의 코였다. 예리한 함석판 단면에 베이고 찢긴 상처 역시 100개가 넘는 선명한 흉터로 이재명의 몸에 남았다. 프레스기에 치여 부서진 손목은 다른 누구도 아닌 이재명의 굽은 팔로 남았다. 공장마다 이어졌던 폭력으로 멍든 가슴은 이재명의 여린 갈비뼈 안쪽에서 뛰고 있었다.

하지만 세상은 그 시간을 소년공 이재명의 것으로 인정해주지 않았다. 억울했다. 세상에 소년공 이재명의 편은 아무도 없는 것만 같았다.

그러나 이재명은 포기하지 않았다.

- 본문 중에서

5월분 수강료를 내지 못한 그는 학원에 더 나갈 수 없었다. 이재명도 이번만큼은 절대 물러서지 않았다. 공장에 다녀와서 KBS에서 하는 TV 과외를 보며 혼자 공부를 계속했다. 이제부터 자기가 번 돈은 자기 공부하는 데 쓰겠다고 선언하고 아버지에게 월급을 가져다주지 않았다.

3개월 월급을 모은 이재명은 두 달 만에 다시 삼영학원 종합반에 복귀했다. 학력고사는 이제 4개월 앞으로 다가왔다. 공장에 다니면서 남은 4개월 동안 공부해서 학력고사 260점을 받는 것은 불가능했다. 가난한 소년공에게 없는 것은 돈만이 아니었다. 돈보다 더 없는 것이 시간이었다. 그는 학원의 야간이 아닌 주간반에 등록했다.

오리엔트를 그만둔 그는 3개월 동안 모은 월급으로 4개월 동안 학원 주간반에 다니며 밤낮으로 공부했다.

- 본문 중에서

이재명은 사법연수원의 뜻 맞는 연수생들과 함께 〈노동법학회〉란 모임을 만들고 공부를 하며 상담봉사활동도 나갔다. 현직이라고 불리는 판사나 검사로 나가고 싶어지는 자신에게 쐐기를 박기 위해 공개적으로 노동자들과 함께 하는 인권변호사가 되겠다고 밝히기도 했다. 그와 함께 한 정성호, 문무일, 최원식, 문병호 등도 연수원을 마치고 지역으로 내려가 낮은 곳에서 힘없는 사람들과 함께하는 변호사가 되자는 다짐을 했다.

- 본문 중에서

- 출판사 서평 -

"이것이 이재명이다."
"이 책을 보지 않고 이재명을 안다고 말해서 안 된다"

이재명의 친구로 이재명과 가장 오래 함께 일했던 이영진조차도 이 책을 보고 '내가 몰랐던 것을 많이 알았다. 이것이 이재명이다.'며 '이 책을 보지 않고 이재명을 안다고 말해서는 안 될 것 같다.'라고 말했다.

[인간 이재명]의 특징 - 독자가 읽고 판단하는 책

- 미디어가 왜곡한 사실을 바로잡으면서 이재명의 감동적인 서사를 진척시키기 위해서 이 책은 더 많은 판단의 근거를 독자에게 제시할 방법을 찾아야 했다. 그렇게 해서 찾아낸 방법이 3중의 스토리텔링이었다. 객관적으로 존재하는 이재명의 서사에 대한 객관적 서술에 더해 관련 자료와 인터뷰를 박스로 처리했다. 박스 안에는 이재명의 일기, 기사, sns, 인터뷰와 별도로 독자의 판단을 돕기 위해 서술자의 진행 과정에 대한 보고와 의견을 추가했다. 편파적인 미디어 프레이밍에 대응하기 위해서 정직한 미디어 리포트의 역할을 서사의 서술자에게 추가한 것이다.

따라서 이 책의 독자들은 ① 이재명의 객관적인 서사 ② 객관적인 서사의 입증 자료와 인터뷰 ③ 서술자의 검증 의견을 비교 검토하면서 이재명 서사의 객관적 진실에 다가갈 수 있다.

『인간 이재명』에서 이재명의 대학입시와 관련된 부분은 다음과 같다.

1980년 대입 검정고시 시험은 4월 19일과 20일, 이틀 동안이었다. 그는 새벽 5시 반에 일어나 형과 함께 버스를 타고 수원으로 가서 시험을 봤다. 첫날 시험은 쉬웠다. 이튿날도 새벽에 일어나 시험을 보러갔다. 이재명은 체육을 제외한 나머지 과목은 다 자신이 있었다. 시험을 끝낸 재선 형은 얼굴이 어두웠다. 시험을 잘못 본 형

앞에서 이재명은 시험을 잘 봤다고 할 수 없었다.

재선 형은 바로 수원역으로 가 부산행 기차표를 끊었다. 이재명은 재선 형을 수원역까지 바래다주었다. 그의 형은 원서 값과 우표 산 돈에 용돈을 보태서 그에게 줬고, 그는 그 돈으로 먹을 것을 사서 기차에서 먹으라고 형에게 줬다.

검정고시 결과 발표는 5월 중순이었고, 대입 예비고사는 11월이었다. (p.99~100)

피로 얼룩진 참고서

1981년 이재명 인생의 봄날이 시작되었다.

국보위의 〈교육 정상화 및 과열 과외 해소방안〉 보완책에 따라 사립대학마다 가정 형편이 어려운 대학생을 위한 특별 장학금 제도를 도입했다. 과외 금지로 대학에 다닐 수 없게 된 대학생들의 원성이 빗발치자 국보위는 성적이 우수한 입학생에게는 등록금 전액을 면제해줄 뿐만 아니라 재학하는 동안 과외수업비 이상의 생활보조금을 지급하는 파격적인 장학제도를 도입하라고 사립대학에 지시했다. 국보위는 졸업정원제를 통해 입학정원을 대폭 늘려줌으로써 사립대학이 쓴 파격적인 장학금보다 훨씬 많은 등록금 수입을 거둘 수 있도록 보장해주었다. 이재명과 같은 가난한 대학생들은 쌍수를 들고 환영할 일이었다.

------------------------- (중략) -------------------------

    삼영학원 대입종합반은 1981년 3월 2일에 개강했다. 이재명에게 주어진 시간은 오직 8개월이었다.
    전두환이 이끄는 국보위는 대입 본고사를 폐지하고 대입 예비고사는 대입 학력고사로 바뀌었다. 11월에 치르는 학력고사 한 번으로 모든 것이 결판나는 제도였다. 이재명이 장학금을 주는 대학에 들어가려면 8개월 뒤의 학력고사에서 260점은 받아야 했다.

------------------------- (중략) -------------------------

    그는 갈비뼈가 부러진 몸으로 출근을 하고, 학원엘 가고, 독서실에서 밤새껏 공부했다. 아프다고 쉬고, 졸린다고 잘 수가 없는 그였다. 8개월 동안 공부해서 3년을 꼬박 고등학교에서 공부만 한 아이들과 겨루려면 어쩔 수 없었다. 남들처럼 해서 무수저인 그가 살아남을 길은 어디에도 없었다. 그가 살고 가족들을 구하려면 그의 능력을 결과로 증명해야만 했다. 그것도 3년이 아닌 8개월 만에. 그와 그의 가족들이이 지옥 같은 현실에서 탈출하는 길은 그것밖에 없었다. 힘들고, 아프고, 졸렸지만 그는 이를 악물었다. 어차피 죽을 작정을 하고 시작한 공부였다. 여기서 물러서면 그에게 내일은 없다는 것을 다른 누구보다 이재명 자신이 잘 알았다. 그는 학원에 등록하던 날 일기에 적어둔 문장을 떠올렸다.

------------------- (중략) -------------------

결국 돈 때문에 학원을 그만두었다. 삼영학원에 다닌 지 두 달만이었다. 돈이 원수였다. 그의 아버지는 알다가도 모를 사람이었다. 집부터 마련해야 한다고 학원에 나가지 못하게 만들었다. 부러진 갈비뼈도 막지 못한 그의 학원행을 돈이 가로 막았다.

5월분 수강료를 내지 못한 그는 학원에 더 나갈 수 없었다. 이재명도 이번만큼은 절대 물러서지 않았다. 공장에 다녀와서 KBS에서 하는 TV 과외를 보며 혼자 공부를 계속했다. 이제부터 자기가 번 돈은 자기 공부하는데 쓰겠다고 선언하고 아버지에게 월급을 가져다주지 않았다.

3개월 월급을 모은 이재명은 두 달 만에 다시 삼영학원 종합반에 복귀했다. **학력고사는 이제 4개월 앞으로 다가왔다.** 공장에 다니면서 남은 4개월 동안 공부해서 학력고사 260점을 받는 것은 불가능했다. 가난한 소년공에게 없는 것은 돈만이 아니었다. 돈보다 더 없는 것이 시간이었다. 그는 학원의 야간이 아닌 주간반에 등록했다. 오리엔트를 그만둔 그는 3개월 동안 모은 월급으로 4개월 동안 학원 주간반에 다니며 밤낮으로 공부했다.

【『이재명의 굽은 팔』에서는 오리엔트 시계공장을 퇴직한 퇴직금이라고 하더니 여기에서는 3개월 간 모은 월급이라고 한다.】

한때 잠시 멀어졌던 친구 심정운도 마음을 다잡고 그와 함께 맹

렬하게 학력고사 준비를 했다. 그들은 성남의 독서실에서 서로를 깨워가며 밤을 새웠다. 이재명의 시간표는 공장에 다닐 때와 다르지 않았다. 공장에서 일하는 시간이 공부하는 시간으로 바뀌었을 뿐이다.

----------------------- (중략) -----------------------

마침내 대입 학력고사를 보는 1981년 11월 24일의 아침이 밝았다. 시험은 지난해까지 치른 대입 예비고사보다 훨씬 어려웠다고 했다. 재수, 삼수생이 많은 학원에서 가채점을 해본 수강생들의 탄식이 여기 저기서 들렸다. 요즘 말로 하면 '불수능'이었다.

하지만 이재명은 모의고사 때보다 별로 어렵지 않았다. 전국 30만 등 밖에서 시작해 마지막 모의고사에서는 2천 등 안으로 약진한 이재명이었다. 목표였던 260점이 넘는 건 확실했다. 재수, 삼수를 한 학원 동료들 때문에 이재명은 표정을 관리해야 했다.

대입 학력고사 결과 발표가 나왔다.

이재명이 받은 점수는 285점이었다. 전국 2천 5백 등 안에 들었다. 대한민국에서 그의 성적으로 가지 못할 대학은 없었다. 그러나 그에게 중요한 것은 합격 커트라인이 아니었다.

『매일신문』과의 인터뷰에서는 287점이더니 『인간 이재명』에서는 285점이 되었다. 이 점수는 2천 5백 등 안에 드는 점수가 아니라 3,041등이었다. 그래도 59만 수험생 가운데 상위 0.5% 정도

되는 등수이다. 285점이라면 총점이 430.70점이 되어 역시 82학년도 중앙대 입학생 가운데 차석이 된다.】

그해 봄날의 어머니

그는 중앙대 법과대학 단 한 곳에 입학원서를 냈고, 합격했다.

중앙대 선호장학생 A급이었다. 중앙대 선호장학생 A급은 3학년까지 등록금 면제에 매월 학자금으로 20만 원씩의 '특대 장학금'을 받을 수 있었다. 20만 원이면 이재명이 공장에서 받았던 마지막 월급의 세배가 넘었다. 공짜로 공부하고 공장의 세 배도 더 되는 월급을 매달 받을 수 있다니, 꿈같은 일이었다.

【장학생 수가 신입생 4,706명 가운데 781명이나 되어 재정 부담으로 중앙대 측은 4년간 주겠다는 약속을 지킬 수 없었고 10개월만 주었다. 이는 이미 입학 시부터 공지된 일이었다.】

이 장학제도는 과외 전면금지로 가정교사를 할 수 없게 된 가난한 학생들을 위해 국보위가 내놓은 후속대책이었다. 김창구 원장이 말한대로 '군바리들이 내놓은 화끈한 장학금' 제도였다. 전두환이 이끄는 국보위는 가난하지만 우수한 학생들을 지원하는 파격적인 장학제도를 만들도록 사립대학에 지시했다. 대신 모든 대학의 입학정원을 대폭 늘려주었다. 대학으로서도 손해날 일이 없었다. 늘어난 정원에 따라 생기는 등록금 수입이 파격적인 장학금을 상쇄하고

도 남아돌았다.

【국보위가 내놓은 후속대책? 국보위는 대학의 장학금 제도에 어떤 지시도 하지 않았다. 정부의 장학금 대책이었다면 국·공립 대학이 앞장섰을 것이다. 매월 학자금을 주는 국·공립 대학은 없었다. 일부 사립대학이 82년부터 시행했다. 이런 거짓 기술을 하는 이유가 무엇인지?】

등록금 면제에 매월 20만 원을 지급받기로 됐다. 이제 이 돈으로 자랑스럽게도 형의 학원비도 대고 둘이서 자취도 하게 된다.

- 이재명 일기(1982.2.16.)

장학금을 받는 법대 학생이 되었다는 소문이 퍼져 아는 사람을 만날 때마다 축하를 받았다. 그는 이번 여름방학에 고향갈 생각을 하면 벌써 어깨가 으쓱했다.
이재명은 입학식을 보름도 더 남겨두고 미리 교복을 맞추고 모자도 샀다. 여태 한 번도 입어보지 못했던 교복을 입어보게 된 그는 벌써 가슴이 설렜다.(p.141~153)

【1982년도 대학교 전형 일정은 1월 11~13일 원서 접수, 1월 22일 면접, 1월 28일 합격자 발표였다. 왜 이재명은 1월 28일이 아닌 2월 16일에야 등록금 면제에 매월 20만원 지급받게 되었다고

썼는가? 이재명의 일기라는 것은 당시에 쓴 것이 아니라 출판 무렵에 쓴 것이 아닐까?
그리고 대학교 교복은 80년대에 폐지되었는데 웬 교복?

재명이 인생에서 대학 합격이 차지하는 비중은 고졸 검정고시 합격에 비할 바가 아니다.
그런데 재명이는 고졸 검정고시 합격하던 날을 상세히 묘사하는데, 대학 합격하던 날을 어떤 책에서도 기술하지 않는다.]

다음은 『인간 이재명』에서 고졸 검정고시 합격의 감격을 기술한 부분이다.

재선 형이 집에 찾아 온 것은 시험 이틀 전이었다. 재선 형은 이틀 동안 밥을 먹으면서도 책을 봤다. 재선 형은 이재명이 고입 검정고시 때 그랬던 것처럼 영어와 수학 때문에 고전했다. 그가 재선 형에게 이항 정리와 포물선을 가르쳐 주었다.
1980년 대입 검정고시 시험은 4월 19일과 20일, 이틀 동안이었다.
그는 새벽 5시 반에 일어나 형과 함께 버스를 타고 수원으로 가서 시험을 봤다. 첫날 시험은 쉬웠다. 이튿날도 새벽에 일어나 시험을 보러 갔다. 이재명은 체육을 제외한 나머지 과목은 다 자신이 있었다. 시험을 끝낸 재선 형은 얼굴이 어두웠다. 시험을 잘못 본 형 앞에서 이재명은 시험을 잘 봤다고 할 수 없었다.
재선 형은 바로 수원역으로 가서 부산행 기차표를 끊었다. 이재명은 재선 형을 수원역까지 바래다 주었다. 그의 형은 원서 값과 우표 산 돈에 용돈을 보태서 그에게 줬고, 그는 그 돈으로 먹을 것을 사서 기차에서 먹으라고 형에게 줬다.

검정고시 결과 발표는 5월 중순이었고, 대입 예비고사는 11월이었다.

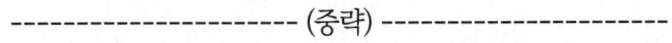

그렇게 하루하루가 지나 5월 15일이 되었다. 아버지가 학원을 보내 주기로 한 검정고시 합격자 발표일이었다. 이재명은 합격 여부를 확인하기 위해 수원으로 갔다.

합격자 발표장 게시판에 66번과 67번 모두 있었다. 그와 그의 형 모두 합격했다고 좋아했는데 다시 보니 고입 검정고시 합격자 번호였다.

엉뚱한 것을 보고 좋아한 것이다.

이재명은 대입 검정고시 합격자 명단이 붙어 있는 반대쪽 게시판으로 향했다. 새삼 가슴이 두근거렸다. 그는 체육이 조금 걱정되었지만, 과락까지는 아닐 것 같았다. 걱정은 재선 형이었다. 지방의 발전소 건설 현장에서 일하느라 검정고시 준비하기가 더 어려웠던 형이었다.

걱정하여 확인한 대입 검정고시 합격자 번호에도 66번과 67번이 모두 있었다. 단짝 친구 심정운도 합격이었다. 재선 형이 합격해서 무엇보다 기뻤다.

이재명은 어젯밤 일기에 영어공부 삼아 쓴 두 문장을 다시 떠올렸다.

'Today is my best day. Tomorrow is the most day.'

이재명은 재선 형에게 합격 소식을 알려주려고 사당동으로 갔다. 부산 인근의 현장에서 사당동 공장으로 올라와 있던 재선 형은 합격 사실이 믿기지 않는 모양인지 정말이냐고 그에게 묻고 또 물었다.

그는 그렇게 꿈꾸던 대학에 갈 수 있는 첫째 관문을 넘었다.(p.99~103)

【고졸 검정고시 합격을 이렇게 자세히 감격스럽게 묘사하는 이재명이 왜 중앙대 법대 합격 묘사를 지나가는 말로 기술할까?】

이재명은 '인권 변호사'였다고 이재명을 선전한 여러 책자는 주장한다.

그러나 이재명은 특정 조폭의 상습폭행을 반복 변호하고 살인·강간·성매매 알선·음주 뺑소니 사건도 수임했다.

이재명은 '성남 인권변호사' 활동 시절 살인, 강간, 폭행 등 형사사건 50여 건을 변론했다.

이재명이 2010년 성남시장 취임 전 변호한 모든 형사사건은 총 58건이다.

이재명이 주로 활동한 수원지방법원 성남지원에서 진행된 사건 30건은 살인, 강간, 폭행 등 강력범죄와 횡령, 사기, 음주운전, 문서 위조, 성매매 알선 등 20가지가 넘었다.

이재명은 이제 막 성인이 된 어린 여성을 강간한 가해자의 변론을 맡기도 했다.

2000년 6월 피고인 A는 자신이 지배인으로 일하는 성남 수정구의 한 백화점 식당에서 20세 아르바이트생을 강간한 혐의를 받았다. 이 사건은 8년 가까이 흐른 2008년 1월 기소되었다. A는 과거 2차례 벌금형을 받은 전력이 있었다. 전과는 가중처벌 요소로 작용한다. 그럼에도 성남지원은 A에게 집행유예 3년을 조건으로 징역 2년 6개월을 선고했다.

이재명은 2006년 '음주 뺑소니' 사건의 변호를 맡았다.

피고인 B는 그해 8월 성남 분당구에서 혈중 알코올 농도 0.172% 상태로 승용차를 몰다 중앙선을 침범해 택시를 들이받았다. 피해 택시기사는 수리비 130여만 원의 차량 파손과 전치 3주의 부상을 입었다. B는 택시 기사를 돕지 않고 도망쳤다. 이 사건으로 B씨는 음주운전과 차량 도주 혐의로 기소됐다. 이때 기준으로 B의 행위는 면허 취소는 물론 2년 이하 징역 또는 3,000만원 이하 벌금에 해당하는 범죄였다. 게다가 B는 음주운전으로 이미 벌금형을 선고받은 전력을 갖고 있었다.

죄질이 불량하지만 이재명은 B의 변호를 맡아 1,000만 원 벌금형 선고를 이끌어 냈다. 성남지원은 B씨가 피해자와 합의했고, 피해가 그리 크지 않으며, 집행유예 이상을 선고받을 경우 해고될 가능성이 있다는 이유로 이렇게 판결했다.

이재명 자신도 음주운전으로 처벌받은 적이 있다. 이재명은 2004년 5월 혈중 알코올 농도 0.158% 상태에서 운전하다 적발돼 벌금 150만원을 선고받았다. 역시 면허 취소 대상이다. 음주운전 면허 취소 기준은 원래 '알코올 농도 0.1% 이상'이었으나 2019년 도로교통법 개정으로 '0.08% 이상'으로 강화됐다.

이재명은 성남지원 변론 사건 중 주로 사기죄를 변호했다.

사기 등 혐의가 적용된 사건은 2005~09년 4건이었다. 이 중 형량이 제일 높은 경우는 2009년 2월 판결 난 사건으로 피고인 C는 집행유예 없이 징역 2년을 선고받았다.

C는 법무사 사무실이 법인 설립 자본금을 대납해 주는 점을 파악하고 이를 빼돌리기로 마음먹었다. 그는 동료에게 성남 분당구 법무사 사무실을 찾아가게 한 뒤 "법인을 세울 계획인데 3억 원을 자본금으로 대납해 주면 법인 설립 직후 이를 반환하고 이자를 지급하겠다"고 거짓말을 하도록 시켰다. 피해 법무사 사무장은 그의 말대로 은행에 들러 3억원을 입금했다. 이후 C씨와 동료들은 이를 수 차례 계좌 이체한 뒤 3개 은행을 통해 나눠 인출했다. C씨는 과거에도 사기죄로 징역 1년을 선고받고 옥살이를 하다 나온 전과가 있었다.

이재명이 맡은 사건 중에는 본인이 얽혀 있는 일도 있다.

2000년 당시 김병량 성남시장은 분당구 일대 업무 용지를 주거 용지로 바꾸는 용도변경을 추진했다. 이에 이재명이 집행위원장으로 있던 시민단체 성남시민모임은 주거환경 악화 등을 이유로 시장 퇴진운동을 주도했다. 이 와중에 용도변경에 찬성하는 단체 '전국 임대 아파트 위원회'가 2000년 1월 이재명 사무실 앞에서 규탄 집회를 열었다. 위원회는 "5공 시절 악마 살아왔나" "시민 대표 담보로 이중행위 이재명은 즉각 사죄하라" 등의 구호를 외쳤다.

이후 2000년 11월 이재명 후보와 함께 성남시민모임 집행위원이었던 D가 '집회를 편드는 기사가 전국 임대 아파트 위원회 대표의 청탁으로 보도됐다'는 취지의 주장을 했다. D는 "위원회 대표 일당이 K 신문에 접근해 광고를 주선해 주겠다는 부정한 거래를 하고, K 신문은 사회면 절반에 이르는 크기로 집회에서 뿌린 유인물을 그대로 전재하는 기상천외한 기사를 썼다"는 글을 성남시청 홈페이지 등에 올렸다. 이에 D는 허위 사실 적시에 의한 명예훼손 혐의로 기소됐다. 이재명이 D를 변호했다. 재판부는 D에게 벌금 50만원을 선고했다.

이재명은 성남 국제 마피아파 김 모(37)를 변호했다.

김 모는 2005년 하순 문신 시술업자를 모텔에 가두고 1000만원 상당의 문신을 받은 다음 돈을 내지 않고 때렸다. 또 상대파 조직원을 납치해 야구방망이로 무차별 폭행했다. 조직 활동을 쉬려 하는 같은 파 조직원에게도 욕설과 협박을 했다.

김 모는 범죄단체 구성과 흉기를 이용한 집단 상해·협박·감금 등 7가지 혐의로 기소됐다. 김 모는 2005년 2월 공동폭행 혐의로 징역 8월에 집행유예 2년을 선고받은 상태였다. 김 모가 피고인석에

선 해당 사건은 이재명이 수임한 사건 중 피고인단 규모가 가장 컸다. 사건 10건이 병합돼 김 모를 비롯한 피고인만 46명에 달했다. 이 중에는 이재명과 유착 의혹이 불거진 이준석 전 코마트레이드 대표도 포함돼 있었다. 변호인단은 이재명 등 15명이었다.

집행유예 기간에 재범을 저질렀음에도 성남 지원은 김 모에게 또 집행유예 3년을 조건으로 징역 2년 6개월을 선고했다. 이번 범행을 집행유예 판결이 나기 전에 저질렀다는 이유에서다. 피해자가 선처를 요구했고 원만히 합의했다는 점도 고려됐다. 재판 과정에서 김 모는 반성문도 10여 차례 제출한 것으로 알려졌다. 당시 이준석도 김 모와 같은 형량의 처벌을 받았다.

김 모는 그래도 범행을 멈추지 않았다. 2007년 성남 수정구 주점에서 미성년자 조직원과 술을 마신 국제마피아파 부하 2명에게 "술을 마신 사실이 없다고 증언하라"며 거짓말을 시켰다. 또 나중에는 "그런 증언을 지시한 사실이 없다"고 허위 진술을 했다. 김 모는 위증·위증교사 혐의로 기소되었다. 이 사건도 이재명이 변호했다. 성남지원은 벌금 500만원을 선고했다.

이재명은 또 다른 국제마피아파 E를 변호했다.

E는 2001년 8월 자신을 호기심을 갖고 쳐다보는 민간인을 동료 조직원과 함께 집단으로 폭행했다. 이들은 피해자를 인적이 드문 곳으로 끌고 가 쇠파이프, 유리조각, 벽돌 등을 들고 10여 차례 때렸다. 김 모보다 먼저 조직 생활을 시작한 E는 이전에도 공동폭행죄로 2회 벌금형 처벌을 받았다. E에게는 징역 1년 6개월에 집행

유예 2년이 떨어졌다.

이재명의 변론 사건 중 '성남 수정구 살인 사건'이 있다.

피고인 F는 2007년 8월 수정구에서 내연녀를 살해한 혐의로 기소됐다. F는 현장에 같이 있던 내연녀의 두 딸을 협박한 혐의도 받았다.

F의 변호는 2명이 맡았다. 이재명과 그의 밑에서 고용변호사로 있던 김 아무개가 F의 변호를 맡았다. 이재명은 'F씨가 범행 당시 술에 취해 심신미약 상태에 있었다'는 취지로 변론했다. 재판부는 "피고인(F씨)이 술에 취해 변별 능력이나 의사 결정 능력이 없었다고 보이지 않는다"며 징역 15년을 선고했다. 이는 2006년 서울동부지방법원이 심리하고 이재명이 변론을 맡은 '조카 교제 살인 사건'과 양상이 비슷하다. 당시 이재명의 조카는 헤어진 여자친구와 그의 어머니를 살해해 무기징역을 선고받았다. 그때 이재명이 꺼낸 주요 변론도 '심신미약'이었다.

이재명은 2006~18년 5차례의 지자체장·국회의원 선거 출마 때마다 자신을 인권변호사로 소개했다. 더군다나 이재명은 조카 교제 살인 사건을 '데이트 폭력'으로 표현하기도 했다.

2018년 서울 강서구 PC방 살인 사건 때는 "정신질환 감형에 분노한다"고 했는데, 정작 자신은 심신미약을 주요 변론으로 내세웠다.

이재명은 인권변호사가 아니라, 파렴치한 사회악들을 변호하고 살았다!

이재명이 변호하고 성남지원이 판결한 사건들 30건

2001년 : 명예훼손
2004년 : 명예훼손
2005년 : 사기/사문서 위조/위조 사문서 행사, 건설산업기본법 위반, 개발제한구역법 위반
2006년 : 상표법 위반, 사기/절도/여신 전문 금융법 위반, 부정 의료업 변호사법 위반, 도주 차량/음주운전/도로교통법 위반, 교통사고 처리법 위반, 공동 상해, 공갈/공갈 미수/수재
2007년 : 횡령, 폭력단체 구성/집단·흉기 등 상해·협박·감금/공동 협박 등, 위증/위증 교사 업무상 횡령, 살인/집단·흉기 등 협박, 국토계획법 위반, 공문서 위조/위조 공문서 행사
2008년 : 조세범 처벌법 위반, 업무방해, 성매매 알선, 사문서 위조/위조 사문서 행사/행정사법·출입국 관리법 위반 사기, 사기, 강간치상
2009년 : 횡령, 게임산업법 위반, 강제집행 면탈

재명이는 1986년 28회 사법시험에 합격한 뒤, 11월 3일 『경인일보』와 인터뷰를 했다. 다음은 그 내용이다.

"地域서 억울한 사람 도울 터"

불우 극복 司法고시 합격한 李在明 씨

『위암으로 투병생활을 하고 있는 아버님께 마지막 효도를 해드린 것 같습니다.』

가정형편이 어려워 중·고등학교 과정을 검정고시로 마치고 올해 28회 사법고시에 당당히 합격한 李在明 씨(23·성남시 상대원동 1752~2) 어릴 때부터 공장에 다니며 집안을 도와야 했던 李씨지만 어려웠던 그 시절이 지금의 영광을 안게 한 밑거름이 되었다고 말한다.
국민학교를 졸업하던 해인 13세 때 가정형편 상 중학교 진학을 포기하고 공장에 취직한 李씨는 학업을 포기하지 않고 밤잠을 미뤄가며 공부, 78년과 80년에 중학교와 고교졸업자격 검정고시에 각각 합격했다. 중앙대 법대 재학 때에도 4년 동안 줄곧 장학생으로 지낸 李씨는 대학교를 졸업한 올해 첫 도전에 영광을 안았다.
『노력한 만큼의 댓가는 꼭 돌아온다』는 평범한 진리를 생활신조로 삼고 있다는 李씨는 『앞으로 성남에서 변호사 사무실을 열어 억울한 사람을 위해 일하겠다』고 포부를 밝힌다.

【城南】

재명이는 여기서도 선호 장학생으로 3년 등록금 면제에 10개월 간 20만 원을 받았다는 말도 하지 않고 287점 또는 285점으로 중앙대 차석 입학이라는 말도 하지 않았다.

 재명이는 사법시험 합격자 300명 가운데 합격 등수가 200등 바깥이었던 듯하다. 그래도 연수원 성적으로 150등 안에 들어 판사 또는 검사가 되려는 것이 보통이다. 연수원에서 열심히 공부할 생각도 하지 않는 지 벌써 체념한 듯 변호사가 되겠다고 한다.

 이러고도 재명이는 노무현 강연을 듣고 변호사가 되기로 결심했다고 사기친다.

재명이를 선전하는 여러 책자는 나중에 나온 것일수록 극적이다. 처음에는 점수를 말하지 않다가 나중에 구체적 점수가 나온다. 그러나 중학교와 고등학교 과정을 검정고시로 때워서 기초가 부족한 이재명이 대입 학력고사에서 고득점일 가능성은 제로에 가깝다.

아무래도 너무나 빨리 합격한 사법시험에 맞춘 것이라는 느낌이 든다(각종 고등고시 합격자는 거의 다 대입 학력고사 점수가 280점이 넘는 고득점자들이다.).

이재명은 대학 3학년 때인 1984년 26회 사법시험 1차 시험에 합격했다. 대학 3학년으로 사법시험 1차 합격자는 해마다 전국에서 몇 명 나오는 데 그친다. 85년 2차 시험에서 떨어진 재명이는 1986년에 1차와 2차를 같은 해에 합격하는 이른바 '동차(同次) 합격'을 했다. 동차 합격은 1차를 여러 번 합격하여 2차 시험을 친 경험이 많은 수험생 가운데에도 드물게 일어난다.

재명이는 대학에 들어가자 한자를 몰라 대학 교재, 특히 법률 서적을 읽을 수 없어서 천자문부터 공부했다고 자백한다. 사실 중·고등학교 과정을 검정고시로 대신한 애의 한자 실력이 수백 자를 넘기 어렵다. 이 정도라면 대입 학력고사 고득점은 물론 대학 공부도 따라가기 어렵다. 사법시험 1차 합격자 가운데 법대 3학년생은 전국적으로 2~3명 수준. 재명이는 무슨 재주로 3학년 때인 1984년의 사법시험 1차에 합격했을까?

같은 해 형 이재선도 초능력을 보여주었다. 역시 고졸 검정고시 출신으로 83년 건국대 경영대에 들어간 이재선은 1년 만인 84년 공인회계사 시험에 합격하는 초능력을 과시했다.

재명이의 사법시험 합격도 초능력이라 할 수 있다. 학력고사 점수가 낮다면 사법시험 합격도 의심받는다. 재명이의 대입 학력고사 점수는 과연 몇 점인가?

1981년도 대학 입시는 역대 대학 입시 가운데 가장 혼란스러웠다. 본고사 폐지와 졸업정원제를 도입한 입시제도 변경 탓이었다.

81학년도 대학 입시는 많은 서울 소재 대학에서 면접시험 보는 학생이 입학정원보다 적은 미달 사태가 일어났다. 이 경우 점수와 상관 없이 합격시켰다. 이해에 서울대 등 유명 대학의 많은 학과는 정원을 채우지 못했다. 졸업정원제로 모집 인원이 130% 증가했지만, 서울대는 모집 정원 6,530명 중 합격자가 5,292명에 그쳐 무려 1,238명의 정원이 미달됐다.

무제한 복수 지원한 후 학생들은 최종적으로 한 곳을 선택해 면접을 보아야 했는데, 통신수단이 발달하지 않았을 때라 다른 학과의 사정을 잘 알 수 없었다. 예상 합격선 발표가 미달 사태가 일어난 주요 원인이었다. 대학들이 합격선을 높여 발표하기도 했고, 점수가 합격선을 웃돈 학생들도 안전한 합격을 위해 하향 지원했다.

점수가 형편없으면서도 명문대 인기학과에 떨어질 것을 각오하고 배짱 지원한 학생들이 미달 사태의 수혜자였다. 합격 최저 요건도 없었다. 반에서 꼴찌 하던 학생이 서울대에 합격했다는 소문이 나돌았다. 대학들은 점수가 낮은 배짱 지원자들의 합격 인정을 놓고 골머리를 앓았지만 불합격시킬 근거가 없었다. 서울대 법대의 합격 안전선은 306점으로 예상됐는데 184점을 받은 지원자가 합격했다. 당시 예비고사 합격선은 180점이었다. 200점 이하의 저득점을 받고 서울대 법대에 합격한 학생은 5명이나 됐다.

서울대 법대 교수들은 저득점 지원자들에게 면접에서 장난삼아 '관악산에 노루가 뛰논다', '법대 교수', '너는 참아 다오'를 영어로 말해 보라고 했는데, '관악 마운틴 노루 점핑', '티이처 of 법대', 'you need no energy'라고 천연덕스럽게 대답하여 정신이 멍해졌다.

184점으로 서울대 법대에 합격한 수험생의 신상이 신문에 공개됐다. 합격생은 전남의 빈농 출신으로 홀로 상경해 대입 검정시험에 합격했으며, 서울대 법대에만 3년째 지원서를 내었다고 말했다. "떨어지면 또 내년에 시험을 치겠다는 것이 나의 결심이었다"고도 했다. 그는 입학 후 곧장 군대에 갔는데, 복학 후 학업을 따라가지 못해 자퇴했다는 후문이 있었다.

서울대의 사회대, 경영대, 의예과 등 다른 단과대학들도 사정은 비슷했다.

다음은 1981년 1월 28일 자 『중앙일보』 기사이다.

184점이 "배짱"으로 서울 法大 關門 뚫어

갖가지 記錄 남긴 81년 大學入試 주변

豫試 성적 감쪽같이 고친 10명 들통
"라이벌大 地方으로 옮긴다" 黑色宣傳도 한몫
「워키토키」「카폰」갖추고 비행기로 豫約까지

무한정한 복수지망 허용과 어설픈 지망자 성적분포 공개로「눈치작전」과「혼란」그리고「정원미달」의 이변을 낳은 저학년도 전기대학 입시는 이에 못지않게 많은「에피소드」를 뿌렸다. 豫試 성적 공개에서부터 面接에 이르기까지 입시를 둘러싸고 있었던 갖가지 얘기들을 취재기자들의 수첩에서 모아본다.

「9땡」잡고도 물러나

○ 예시 성적분포가 면접 전에 공개된다는 방침이 밝혀지자 K대

등 원서교부가 끝난 대학에 원서를 사려는 수험생이 줄을 이었지만 대학 당국이 원서를 추가교부하지 않자 미리 사둔 원서는 1천 5백원짜리가 1만 원을 훗가하면서 암거래됐다는 후문.

성적공개를 보고 최종응시를 결정할 기회를 한 번이라도 더 갖자는 수험생들이 몰리면서 「프리미엄」이 붙은 것이다.

서울시내 K여고 등 일부 고교에서는 면접 전 예시성적 공개방침이 밝혀진 뒤 「원서를 한 장이라도 더 내겠다」는 졸업생들이 몰려 때아닌 성시를 이뤘다. 이 바람에 하룻동안 1백 여장의 원서를 써야 했던 교사는 몸살을 앓을 지경이었다고 실토하기도 했다.

이번 입시는 마치 한판의 「하이·로」, 「카드·게임」을 연상케 할 정도.

서울大 원서접수가 시작된 지난 14일부터 복수 지망이 허용된 수험생들은 이미 나누어준 예시 성적과 내신성적 등 자신의 「카드」를 들고 「버팅」을 어떻게 하고 「하이」와 「로」 중 어느 쪽으로 갈지 몰라 방황.

그러나 결정의 순간은 잠깐.

배짱 놀음에서 그대로 눌러앉은 수험생은 결시율 52%가 넘는 면접고사장에서 『합격이다』며 회색이 만면.

반면에 약삭빠르게 도중 하차한 수험생은 책상을 치며 후회.

그 대표적인 예가 예시 성적 1백84점을 받은 K모군(21)과 3백2점을 받은 P모군(18)의 경우.

예시 성적 184점으로는 어느 대학을 넣어도 불합격되기는 마찬가지라는 생각에 수재 중에 수재가 모인다는 서울大 法大에 그대로 눌러앉았던 K군은 엉뚱하게도 합격(?)의 영광을 안았지만 3백2

점을 딴 P군은 약삭빠름이 오히려 화를 자초, K대학으로 밀려나고 말았다. 행운은 K군만이 아니다. 예시 1백90점 1명을 비롯, 2백점 이하가 2명, 2백~2백82점 이하도 19명이나 있다.

결국 「섰다」판에서 「9땡」 잡고도 「따라지」 한테 물린 꼴. 이는 이번 입시가 얼마나 불합리한가를 보여준 본보기다.

입실자 헤아린 뒤 뜀박질

○ 눈치작전은 면접 당일 마지막 순간까지 치열.

「워키토키」에 「카폰」까지 동원됐는가 하면 일부 수험생들은 면접고사장 입구에서 입실자의 수를 일일이 헤아려 본 뒤 막판에 결시자가 많은 쪽으로 들어가 면접에 응하기도.

서울大 사회대와 인문대에 복수 지원한 金모군(19)의 경우 입실 완료 5분 전까지 사회대 쪽 입실자 수를 헤아리다 결국 인문대 고사장으로 달음박질.

金군은 입실 후 인문대의 결시가 많은 것을 보고 자신의 선택이 적중했다며 마음 속으로 기뻐했다는 것.

그러나 기쁨도 잠깐, 면접이 끝난 뒤 정작 가고 싶었던 사회대 역시 정원미달이었다는 사실을 알고 가슴을 쳤다.

수험생의 눈치작전도 갖가지였지만 淑大 산업미술과와 釜山 東亞大 미대에 복수 지망, 26일 아침 부산행 비행기표까지 예약해 놓고 京釜간에 눈치작전을 편 李모양(18)은 단연 「눈치작전」의 대상감.

李양은 예시 성적 1백 62점으로 숙대에서 실기시험은 잘 치렀으나 만약의 경우에 대비해 26일 실기와 면접을 동시에 실시하는 동아대로도 가겠다는 생각으로 부산행 비행기표를 사두었던 것.

李양은 이날 아침 숙대 면접고사장 앞에서 망설이다 동아대에서 혹시 실기시험을 잡칠까 걱정한 나머지 결국은 부산행을 포기, 숙대에 그대로 응시했다.

각 대학은 복수 지망 무제한 허용으로 허수 경쟁률이 높아지자 복수 지망자 수와 실질 경쟁률이 어느 정도인지 파악하느라 진땀.

대학 당국이 이처럼 고심한 것은 수험생들의 지원 편의 보다는 높은 虛數 경쟁률과 유령 성적 분포로 놀란 수험생들이 면접 때 다른 대학으로 옮겨갈 경우에 생길 정원 미달 사태를 우선 염두에 두었기 때문.

서울대는 이 바람에 지망자들의 예시 성적 분포 공개에 이어 복수지망자 현황을 분석, 발표했으나 성급한 분석으로 오히려 혼란만 가중했다.

처음에는 복수지망자가 4천 6백 60명, 이들이 낸 원서가 5천 1백 88장이라고 발표했다가 다시 2천 3백 30명, 2천 5백 90명 등으로 수정, 하루사이에 숫자가 몇 번씩 오락가락했다.

복수지원자들이 유령처럼 늘었다 줄었다 하며 실제 지원자 수가 정원에 미달된다는 선까지 나돌자 다급해진 대학 당국은 수학과 교수를 불러온다, 「컴퓨터」에 들어본다 하며 유령잡기에 급급했다.

그러나 결국 「컴퓨터」에 지망자들의 예시 수험번호를 다시 집어넣어 복수지망자는 2천 2백 46명으로 판명됐다.

이처럼 계산이 어려웠던 것은 복수지망자들이 낸 원서 수가 2~5장에 이르기까지 각자 달랐기 때문이다.

안색 굳어버린 權 총장

○ 26일 상오 면접 상황을 둘러보기 위해 총장실을 나선 權彛赫 서울대 총장은 첫 번째로 인문대 면접 대기실에 들어서자마자 안색이 굳어져 버리고 말았다.

60명이 앉아 있어야 할 대기실에 수험생은 불과 13명뿐이었기 때문이다.

치의예과 A 고사장엔 1백 20명 좌석에 5분의 1도 안 되는 23명만 썰렁하게 앉아 있는 등 고사장마다 응시자들이 절반 정도밖에 안 되자 權 총장은 당초 실제 응시자 현황을 하오 1시까지 발표하겠다던 약속을 취소, 보도진들은 그때부터 미달 사태가 예상보다 심각함을 알았지만 정확한 응시 현황을 몰라 또 한번 열띤 취재 경쟁을 전개하였다.

延大의 경우도 마찬가지.

당초 10시 이후엔 입실을 불허했으나 결시자가 늘어나자 10시 이후에 오는 수험생들에게도 모두 면접 기회를 주라고 전 교수들에게 다시 지시를 내리기도 하였다.

한양대는 지난 26일 지원자 2만 2천여 명 가운데 원서작성을 하면서 예시성적 위조, 또는 성적수정을 한 10여 명을 가려내 실격시켰다.

　이들은 KIST에서 공급된 「컴퓨터·테이프」에 의거, 지원자의 원서를 조회하던 중 「컴퓨터」 기록과 원서 내용이 다른 것이 밝혀진 것이다.

　실격된 이들의 위조수법은 예시 성적표의 성적란을 지우고 유사한 활자의 「타이프」로 실제 받은 점수보다 높은 점수를 위조, 예시 성적표 위에 붙인 뒤 이를 다시 복사해 원서에 첨부하는 등 지능적인 것이었다.

따져보니 「손해 본 장사」

　○ 각 대학은 문교부의 복수 지망 허용과 지망자 성적 공개 조치로 한번 웃고, 두 번 우는 결과를 빚었다.

　많은 수험생들이 대체로 3~4중으로 원서를 내 원서대를 포함한 수험료 수입은 예년의 3~4배에 달한 반면, 면접 때 예상외로 결시율이 높아 정원 미달 사태를 빚었기 때문이다.

　H대의 경우 이번 임시에서 팔린 원서가 2만 8천여 장, 접수된 원서만도 2만 2천여 장으로 그 수입은 자그마치 2억 2천여만 원이었다.

　이에 비해 학교 측의 총경비는 1천만 원 안팎으로 한 관계자는 『원서 장사가 아주 괜찮은 장사』라며 싱글벙글했었다.

　그러나 그것도 잠깐.

면접 결과는 너무도 예상 밖으로 빗나갔었다.

특히 Y대의 경우 정원 미달 인원이 7백 39명이나 돼 신입생 1인당 입학금과 1년간 등록금을 1백만 원으로 볼 때 7억 3천여만 원이나 손해를 본 셈이 된다.

또 1천여 명의 정원 미달 사태를 빚은 서울대도 당장 기성회비 수입에서 2억 원의 차질을 빚게 됐다고 울상을 지었다.

특히 서울대는 재학생 기성회비가 지난해보다 오히려 줄어든 데다 작년에 정부융자로 지급해 준 복지장학금 상환까지 겹쳐 장학금 지급계획을 재조정해야 할 정도라는 것이다.

문교부 대학입시 관계자들은 81학년도 「入試長征」의 마지막 단계에 와서 명문대학의 정원 미달 폭이 예상외로 커지자 모두가 풀죽은 표정들이었다.

金鍾斌 대학교육 국장은 『완벽한 제도란 없다. 7·30 개혁으로 본고사가 없어진 뒤 보완책이 갖춰지지 않은 채 실시된 제도였기 때문에 어쩔 수 없이 일어난 부작용이었다』며 『합리적 대안을 제시하면 언제라도 받아들이겠다』는 자세를 보였다.

1982학년도 입시에서는 '2개 대학 지원, 3개 학과 지망'으로 바뀠다. 81학년도 만큼은 아니지만, 역시 여러 대학에서 면접시험 보는 학생이 입학정원보다 적은 미달 사태가 일어났다. 각 대학은 점수와 상관 없이 합격시켰다. 서울대 경영대에 184점을 받은 학생 두 명이 지원했고, 법대에는 221점을 받은 수험생이 원서를 냈다.

그런데 81학년도 대학 입학 예비고사는 관행대로 Cut line(합격선)이 있어서 340점 만점에 180점 이상을 받은 학생만 대학에 지원할 수 있었다. 그러나 82학년도에는 이를 없애서 아무리 낮은 점수를 받은 학생도 지원이 가능했다. 그리하여 서강대에서는 138점 받은 응시생이 합격하였고, 연대와 고대에서는 정경대에서 160점대 수험생이 합격하는 이변이 있었다. 그리고 미달이 아니더라도 수험생들이 합격선이 높을 것이라 예상하고 지원을 기피하여 예상 합격선보다 수십 점 이상 낮아지는 실질 미달도 있었다.

【2010년까지 이재선과 이재명은 운명 공동체라 할 정도로 사이가 좋았다. 사이가 나빠진 다음 이재선은 이재명을 '김일성 장학생'이라 비난하며 1만 달러를 수령했다고 비난했다. 아무리 형제 사이가 나빠져도 동생을 '좌익'으로 모는 중상모략을 할 수 있을까? 무언가 공유하는 비밀이 있는 것이 아닐까?】

거짓의 바다 이재명
- 이재명은 대입 학력고사에서 몇 점을 받았는가?

초판발행	2025년 4월 23일
지 은 이	이윤섭
발 행 처	도서출판 혜민기획
인쇄·디자인	대명피엔피컴
출판등록	제2-2017호
주　　소	서울시 중구 퇴계로 226, 405호(복조빌딩)
전　　화	02-722-0586 FAX 2-722-4143
이 메 일	dmo4140@hanmail.net

ⓒ 2025. 이윤섭
ISBN 979-11-88972-92-0

정가 7,000원

※ 이 책은 저작권법에 따라 보호를 받는 저작물이므로
　무단전제와 복제를 금지합니다.
　잘못된 책은 교환해 드립니다.